Ayurveda para principiantes

Cómo puedes integrar fácilmente el principio indio de autocuración en tu vida cotidiana y encontrar la salud holística paso a paso.

Tanja Gerlach

CONTENIDO

Lo que te espera en este libro

Combatir el estrés, la vida agitada y los problemas de salud con recetas deliciosas y masajes relajantes y llamarlo medicina, ¿es una quimera? Todo lo contrario.

No importa lo que te preocupe: Si estás enfermo, simplemente te sientes mal o ya no puedes hacer frente a todos los retos del mundo moderno. Incluso si sólo quieres perder unos kilos o simplemente volver a sentirte bien: El Ayurveda te ayuda a conseguirlo.

Porque este antiguo arte curativo no sólo combate tus dolores y molestias de un modo maravillosamente individual, sino que también equilibra tu cuerpo y tu mente y mantiene tu salud a largo plazo con un estilo de vida adaptado a ti.

Esta guía te ofrece conocimientos sobre el sistema de salud más antiguo del mundo, rituales de salud beneficiosos para cada día, recetas que te harán la boca agua y mucho más.

Sumérgete en el mundo del Ayurveda y convéncete de una medicina que te fortalece, te mantiene sano y tiene un efecto positivo en tu mente.

Ayurveda: ¿Qué es?

Puede que hayas leído el término Ayurveda en el envase de un té de hierbas o de una mezcla de especias, o que te lo hayas encontrado hojeando el catálogo de un hotel de bienestar o visitando un balneario, pero hay mucho más detrás de esta palabra que suena exótica.

Es cierto que tanto la nutrición como la vitalidad y la conciencia corporal desempeñan un papel importante, pero el origen de la enseñanza ayurvédica es un sistema médico y tiene sus raíces en la India. De hecho, el Ayurveda es un arte curativo muy antiguo y tradicional del antiguo pueblo indio de los Vedas. Esta medicina alternativa basada en la naturaleza es una combinación de filosofía y valores empíricos, y se dice que tiene entre 3.000 y 5.000 años de antigüedad. Sin embargo, hoy en día sigue siendo sorprendentemente moderna y se practica principalmente en la región del sur de Asia. La Organización Mundial de la Salud también ha reconocido el Ayurveda como ciencia médica, por lo que es mucho más que una moda de bienestar.

En este país, la naturopatía lleva tiempo ganando cada vez más adeptos: la demanda está aumentando, sobre todo entre los pacientes que de todas formas confían en la medicina alternativa natural, porque los métodos preventivos convencen, entre otras cosas, por su autoeficacia y los enfoques terapéuticos individuales. Otra ventaja que habla en favor del Ayurveda es la posibilidad de integrar los conceptos en nuestro sistema sanitario, de modo que cada vez más médicos y personal especializado completan también su formación y perfeccionamiento.

Las palabras "ayus" y "veda" proceden del sánscrito y significan "vida" y "conocimiento", lo que traduce "Ayurveda" como "conocimiento de la vida" o "ciencia de la vida". El objetivo es crear armonía entre el cuerpo y el alma, es decir, una vida en la que los sentidos físicos estén en armonía con los aspectos mentales, emocionales y espirituales.

Se denomina sistema de salud holístico, porque se considera a la persona como un todo en lugar de tratar dolencias individuales.

El Ayurveda ofrece algunos métodos que abordan específicamente el tratamiento y la curación de las enfermedades. Sin embargo, se centra en la prevención de enfermedades o trastornos del cuerpo y la mente. El estilo de vida ayurvédico está diseñado para evitar que enfermes en primer lugar, pero para mantener tu salud y contrarrestar posibles trastornos. Ésta es una de las diferencias cruciales con la medicina occidental a la que estamos acostumbrados en Alemania y Europa en general.

Lo más importante es ser muy consciente de uno mismo y de su entorno: El bienestar del ser humano desde el punto de vista ayurvédico depende de la armonía de la sociedad y del universo, del que el ser humano forma parte inseparable. Cuidar de ti mismo, de tu entorno y de tus semejantes y considerar su interdependencia te permite darte cuenta de lo que es bueno para ti desde el punto de vista de la salud y espiritual. Según el antiguo arte de curar, las enfermedades surgen de un desequilibrio entre el cuerpo y el alma. Esta unidad de cuerpo (sarira), mente (manas) y alma (atma) es la base de la vida en las enseñanzas ayurvédicas.

El alma representa el centro omnisciente y espiritual de todo lo que existe y es, al mismo tiempo, el requisito previo del cuerpo y la mente. Nuestro ser, la conciencia de nosotros mismos y, por tanto, la dicha se basan en ella, ya que el alma, a diferencia del cuerpo y la mente, no conoce el sufrimiento ni las perturbaciones.

La filosofía ayurvédica separa claramente el alma del espíritu, es decir, nuestra mente o psique. Aquí, en cambio, la absorción de la información y el procesamiento de las impresiones, es decir, los procesos del pensamiento, tienen lugar junto con el subconsciente, las emociones y el sueño.

En nuestro cuerpo, el espíritu y el alma encuentran un espacio que, sin embargo, puede acarrear sufrimiento y trastornos. En el Ayurveda, existen las tres energías vitales "Vata", "Pitta" y "Kapha", también llamadas "Doshas", a las que puede asignarse cada persona, ya que al menos una energía vital es dominante en todos. Según el Ayurveda, el organismo humano se compone de estas energías y de las siete sustancias básicas (rakta, mansa, meda, rasa, asthi, maija y shukra), así como de los productos de desecho del cuerpo (orina, sudor, heces). Si todos estos elementos están en armonía entre sí, ello tiene un efecto decisivo en la salud física y mental.

Por tanto, el objeto y la finalidad de todos los tratamientos y métodos ayurvédicos es siempre, ante todo, equilibrar lo mejor posible las tres doshas y mantener ese equilibrio.

SALUD Y ENFERMEDAD

"Todo lo que podamos hacer nosotros mismos para fortalecer nuestra propia salud funciona mejor que lo que otros hacen por nosotros", dice David Frawley (experto ayurvédico estadounidense).

Como ya has leído, la salud y una vida plena en Ayurveda sólo son posibles cuando el individuo está en equilibrio con su entorno y la naturaleza, pero sobre todo con sus propias energías vitales y componentes de la personalidad. Así, la expresión ayurvédica para la salud "svastha" se traduce como "morar en el yo".

Según la concepción ayurvédica, una persona completamente sana es aquella en la que los tres doshas están en absoluta armonía y los tejidos (dhatus), las excreciones (malas) y los procesos metabólicos (agni) están equilibrados. Además, la mente debe estar clara y satisfecha, y el alma debe permanecer en un estado de alegría, sin que le afecten los éxitos ni los fracasos. Las enseñanzas y métodos ayurvédicos ayudan a alcanzar este estado ideal paso a paso, porque no es necesariamente fácil.

Seguro que estás familiarizado con el estado de agotamiento o enfermedad, que normalmente sólo se nota cuando ya te sientes exhausto. No eres en absoluto el único, porque los seres humanos a menudo sólo nos damos cuenta demasiado tarde de que nos estamos alejando de este estado de armonía entre cuerpo y alma. El resultado es un desequilibrio armónico, que a su vez provoca sufrimiento físico y psicológico, enfermedades y trastornos.

Algunos factores pueden conducir a esa sobrecarga del organismo, en primer lugar una alimentación incorrecta, el estrés y, en general, unos hábitos de vida poco saludables. Diversas prácticas que componen el Ayurveda te llevan a percibirte a ti mismo y a tu cuerpo con mayor claridad y, por tanto, a sentir lo antes posible lo que es bueno o menos malo para ti, cuándo necesitas un descanso o debes bajar un poco el ritmo, etc.

Si cambiamos nuestro estilo de vida y nuestra dieta con la suficiente antelación, los trastornos en las primeras fases aún pueden remediarse relativamente bien. Con los problemas a más largo plazo, resulta más difícil curar el cuerpo restableciendo la armonía. Entonces hay que recurrir a terapias más profundas.

El Ayurveda te ayuda a cambiar tu estilo de vida de forma independiente y te ofrece enfoques versátiles e individuales que tienen un efecto positivo sobre tu energía y tu salud. Especialmente en nuestras sociedades occidentales, el estrés y la agitada vida cotidiana son casi la norma para muchos y anhelamos que se nos permita compensar este rápido ritmo de vida. A través de los métodos be calmantes y vigorizantes que ofrece el Ayurveda, muchos encuentran un remanso de paz que es una alternativa refrescante y un refugio frente a los retos a los que a veces nos enfrentamos inevitablemente.

La conciencia de nuestro propio cuerpo, las necesidades de nuestro organismo y su conexión con el universo nos dan una nueva perspectiva de la vida y de nosotros mismos, por lo que no es de extrañar que cada vez más personas se interesen por él y quieran conocer el Ayurveda. Para ti también, este enfoque puede abrirte todo un mundo nuevo de posibilidades, salud y experiencias positivas contigo mismo.

Ya has aprendido el origen de la palabra Ayurveda y su significado en la antigua lengua india. Pero ¿de dónde procede exactamente este antiguo arte de curar, tan moderno hoy como hace muchos años?

Nuestro pequeño viaje en el tiempo nos lleva a la India, donde el arte de curar y la medicina en general tienen una tradición muy antigua. Descubrimos pruebas de conocimientos médicos ya en la Edad de Piedra y, en torno al 7000 ó 6000 a.C., se dice incluso que los antiguos indios tenían conocimientos en el campo de la odontología. También conocían bien la anatomía humana, la digestión y la circulación sanguínea. También se dice que en esta época se crearon los primeros hospitales y se cultivaron plantas medicinales. Así pues, no es de extrañar que se estime que el origen del Ayurveda se remonta a 5000 años antes de nuestra era. A pesar de la incertidumbre sobre la antigüedad exacta, sabemos que se originó en la civilización védica de la India y es, por tanto, el sistema de salud más antiguo transmitido.

En las antiguas colecciones de escritos de los antiguos Vedas hindúes, donde encontramos registros del conocimiento indio, nos encontramos con la leyenda de las enseñanzas del Ayurveda, que hablan de Brahman, que en la mitología india es el creador del universo y se dice que trajo al mundo el conocimiento de las artes curativas. Durante siglos, estos conocimientos se habrían transmitido oralmente hasta que finalmente se registraron por escrito.

Cuando el budismo vivió su apogeo en la India, entre el 323 a.C. y el 642 d.C., el ayurveda también se hizo cada vez más popular. Aunque los budistas rechazaron en realidad la totalidad de las enseñanzas de los Vedas hindúes, incorporaron las enseñanzas ayurvédicas a sus propios sistemas médicos y renovaron o complementaron algunos enfoques con sus propios conocimientos. En aquella época se introdujo un sistema de sanidad pública, cuyos componentes eran el uso libre de plantas medicinales cultivadas, el establecimiento de farmacias y hospitales, y la organización de la profesión de enfermero. Así que ya ves que el sistema sanitario tal y como lo conocemos hoy tuvo sus inicios hace miles de años, ¡y con éxito!

Debido a la posterior expulsión de los budistas de la India, éstos contribuyeron a la difusión de las enseñanzas ayurvédicas hasta Europa.

Durante la ocupación turca, que tuvo lugar de 1100 d.C. a 1600 d.C., el Ayurveda se renovó y gozó de una renovada popularidad. Las diversas influencias de las enseñanzas ayurvédicas se combinaron con los sistemas de la medicina tradicional india.

Cuando los gobernantes coloniales ingleses conquistaron finalmente el subcontinente indio, se prohibió cualquier sistema curativo de naturaleza natural o tradicional, sobre todo la naturopatía ayurvédica. A pesar de esta supresión, el Ayurveda sobrevivió y sigue teniendo un lugar firme en la sociedad india. Hay más de 400.000 médicos que practican el Ayurveda en la India, algunos de los cuales están reconocidos oficialmente por el gobierno. Las enseñanzas también se difunden en universidades y escuelas superiores y siguen siendo ampliadas por médicos y filósofos.

Los elementos más importantes

Ahora han surgido las palabras sistema holístico y has aprendido que el cuerpo, la mente y el alma deben armonizarse, sí, armonizarse, para alcanzar una salud real y absoluta. Entonces, ¿cómo consigues alcanzar este estado o acercarte a él?

El Ayurveda te ayuda a través de bloques de construcción centrales, métodos en los que se basan las enseñanzas.

Esto incluye ante todo las enseñanzas nutricionales, que se adaptan individualmente a los tipos de Ayurveda y se basan en alimentos naturales, especias y hierbas. Así que, dependiendo de las características de tu cuerpo y de tu estado de salud, tienes la oportunidad de darte literalmente un festín saludable. Delicioso, ¿verdad? La limpieza también es fundamental en las enseñanzas ayurvédicas: los masajes y la desintoxicación, así como las aplicaciones de aceites y las rutinas matutinas, son elementos importantes para ello, que te mantienen en buena salud y bienestar de forma regular.

Las prácticas de yoga, la meditación y el pranayama (ejercicio respiratorio que controla y aumenta la energía vital) son otros enfoques para fortalecer tu conciencia. Tu comportamiento también desempeña un papel importante, pues se supone que debes adaptar tu vida al entorno y a los diversos ritmos naturales de los días, los años y la vida en general. Las plantas medicinales y los minerales son las piedras angulares de la medicina en Ayurveda y, por último, pero no por ello menos importante, tus sentidos deben agudizarse y mimarse mediante el gusto, los colores y la música. Todas las terapias ayurvédicas, ya se utilicen para la prevención o para la curación propiamente dicha, se basan siempre en hierbas, especias, en definitiva, en remedios de la naturaleza.

Para poder tratar a las personas individualmente y

según su tipo, un experto determina qué doshas tienen mayor efecto en cada persona, es decir, a qué tipo de Ayurveda puede asignarse. Aquí entran en juego diversos diagnósticos, como el del pulso y el de la vista, pero también una entrevista personal. En la India, también se incluye el horóscopo de la persona correspondiente. También hay algunos autodiagnósticos y descripciones en Internet, en base a los cuales puedes clasificarte a ti mismo, pero la opinión y el examen de un experto es siempre el camino más seguro, y una persona de contacto formada te ayuda, sobre todo al principio, a enfrentarte a diversas definiciones, métodos y cuestiones de salud.

Mediante los diversos masajes, los cambios en la dieta, el yoga y el tratamiento con plantas específicas que forman parte del modo de vida ayurvédico, se pretende equilibrar los doshas entre sí. Estos enfoques no sólo se encuentran en la terapia, sino también en el sector del bienestar.

A continuación te presentamos los elementos ayurvédicos esenciales, ¿estás preparado?

NUTRICIÓN

La alimentación es uno de los elementos centrales del Ayurveda, pues la ingesta de alimentos en nuestro organismo influye directamente en la salud y la enfermedad, así como en el crecimiento y la decadencia humanos. Las sustancias básicas que necesitamos y los productos de desecho que producimos son componentes importantes del organismo y, según las enseñanzas ayurvédicas, influyen también en la mente y el alma. No se trata de prescindir de ellas, sino de fortalecer el cuerpo y la mente con alimentos adecuados. Al mismo tiempo, hay que mimar y fortalecer los sentidos.

La dieta ayurvédica es predominantemente ovo-lacto-vegetariana, lo que significa que forman parte de ella principalmente alimentos frescos de origen vegetal, como frutas y verduras, productos lácteos y cereales, así como aceite y ghee. El ghee es una forma especial de preparar la mantequilla, cuya receta encontrarás más adelante en esta guía, ¡déjate sorprender! El consumo de carne, huevos y pescado, así como de alcohol, no se considera perjudicial en el Ayurveda clásico y es bastante legítimo, pero se recomienda en cantidades pequeñas y equilibradas. Las proteínas animales tampoco deben consumirse combinadas entre sí, ya que pueden generar productos de desecho metabólicos. Comer fruta y verdura fresca es especialmente importante y debe hacerse todos los días, pues así el organismo recibe un mejor aporte de vitaminas, sustancias vegetales secundarias y minerales.

El té también desempeña un papel en las enseñanzas ayurvédicas sobre la salud que no debe subestimarse, porque las diversas hierbas ayudan a equilibrar las energías vitales. Por un lado, el cuerpo debe recibir líquidos y, por otro, debe favorecer la forma física y la salud. Hay muchas variaciones posibles, por lo que el té también se disfruta según los tipos de Ayurveda.

Ya en las enseñanzas nutricionales, el arte curativo se adapta a los tipos de constitución individuales Pitta, Vata y Kapha; así que comes lo que es específicamente bueno para tu cuerpo. No obstante, hay recomendaciones que se aplican de forma general para una dieta ayurvédica. Esto es especialmente útil si lo primero que quieres es conocer la dieta ayurvédica y probarla independientemente de tu dosha, o quizá ni siquiera sepas aún a qué tipo perteneces.

Normas básicas generales

Las reglas básicas más importantes para estimular tu digestión y suministrar energía al cuerpo son:

1. Come sólo cuando sientas realmente hambre: esto es señal de que la digestión de la comida anterior se ha completado y sólo entonces tu organismo está preparado para una nueva ingesta de alimentos.

2. No comas hasta hartarte: llenar el estómago unas tres cuartas partes te da energía suficiente para el día y no sobrecarga la digestión, de modo que te sientes vigorizado después de comer y no cansado y agotado.

3. Come conscientemente: el Ayurveda recomienda calma al comer, debes caminar, estar de pie y evitar el estrés mientras comes. Tómate tu tiempo, siéntate y evita distracciones como la televisión o similares. La forma en que comes afecta a tu tolerancia y digestión.

4. Haz la comida principal a mediodía: por la mañana tu cuerpo aún está ocupado desintoxicándose, además el "fuego digestivo" (Agni) es más débil por la mañana y también por la noche que a mediodía. Por tanto, cuando el sol está en su punto más alto, debe tener lugar la comida más copiosa. Por tanto, que tu desayuno y tu cena sean más ligeros y pequeños.

5. Bebe sólo cuando tengas sed: En las enseñanzas ayurvédicas, generalmente se evitan las bebidas frías y beber durante las comidas, ya que esto inhibe la digestión. Por tanto, no bebas hasta media hora antes de comer y espera también media hora después con una nueva ingesta de líquidos. En general, el equilibrio hídrico es importante, pero debes escuchar a tu cuerpo y reaccionar cuando sientas sed.

6. Tibio en vez de frío: En Ayurveda, los alimentos tibios son más digeribles y fáciles de digerir, tanto para las bebidas como para las comidas. Por tanto, es mejor beber infusiones o agua tibia.

7. Absorbe todos los sabores: Las enseñanzas nutricionales ayurvédicas describen seis sabores (rasa): dulce, ácido, salado, picante, amargo y agrio deben estar presentes en toda comida equilibrada.

8. Valora la calidad y la frescura: Lo ideal es que los ingredientes de tus comidas sean regionales y de temporada; los productos ecológicos son especialmente adecuados. Las frutas no deben combinarse con otros alimentos y los productos de soja no fermentados deben evitarse por completo.

9. No reprimas las necesidades naturales: las deposiciones, los eructos, los bostezos, el llanto, etc., son procesos completamente naturales del cuerpo y no deben reprimirse según las enseñanzas ayurvédicas, ¡así que deja salir lo que tenga que salir!

10. Las especias: Los indios se refieren a las especias como alimento divino y la cocina ayurvédica también se basa en ellas, pues son significativas para el cuerpo y el alma. Las especias más importantes en la cocina ayurvédica son el jengibre, la cúrcuma, el cardamomo, el comino, el cilantro, el clavo, la nuez moscada, la pimienta, el azafrán y la canela. Se dice que las especias en general dan paz y fuerza, pero cada una tiene también ciertas propiedades curativas. Por ejemplo, la gente utiliza la cúrcuma para combatir la inflamación o la nuez moscada para los trastornos del sueño. Mientras que se dice que el azafrán previene el cáncer, el cardamomo puede estimular la digestión. Lo mismo ocurre con las especias: según la energía vital predominante, se producen efectos diferentes.

Subdivisión de alimentos

En la nutrición ayurvédica, hay tres clases (gunas) en las que se dividen todos los alimentos, se llaman sattva-guna, rajo-guna y tamo-guna.

Según la nutrición ayurvédica, el sattva-guna es la clase a la que pertenecen los alimentos beneficiosos. Éstos son aceitosos, dulces o jugosos y optimizan tu actitud ante la vida, incluso pueden conducir a una vida más larga. Los productos lácteos (sobre todo la mantequilla clarificada: ghee), los cereales y las verduras frescas pertenecen a esta clase.

En la Rajo-Guna, por ejemplo, encontrarás guindilla, ajo y cebolla, es decir, alimentos predominantemente amargos, agrios, picantes o salados. Estos calientan el cuerpo y la mente y, según las enseñanzas ayurvédicas, pueden fomentar la ira y la agresividad.

Por último, el tamo-guna incluye alimentos como la carne y el pescado, de los que se dice que drenan la energía del cuerpo y son la causa de diversas dolencias y enfermedades.

Equilibrada en el sentido del Ayurveda es, por tanto, una dieta basada principalmente en alimentos sáttvicos. Sin embargo, para ti esto no significa una renuncia total a la carne o a ciertas especias picantes, porque según tu constitución, éstas pueden incluso tener un efecto equilibrante.

MASAJES

Además de la nutrición, existen otros enfoques terapéuticos del arte curativo ayurvédico y puedes esperar con impaciencia: el masaje también es uno de ellos.

El cuerpo debe descansar mediante los masajes ayurvédicos: La relajación, la purificación y el fortalecimiento del sistema inmunitario son el objetivo de todo ello. Se trabaja mucho con aceite caliente y toques suaves, que calman y vitalizan al mismo tiempo.

Aquí también hay formas diferentes y versátiles. Masajes con sellos, masajes exfoliantes, en seco- , masajes profundos y masajes de cabeza, cara, hombros y cuello son sólo el principio. Incluso hay masajes para las orejas, los ojos y la nariz, para que todo el cuerpo se relaje. El Ayurveda describe los centros energéticos de todo el cuerpo como puntos Marma, cada uno de los cuales se dice que tiene propiedades especiales. La conexión de todos estos puntos marma crea una red energética por todo el cuerpo. Por eso, dependiendo de dónde se dé el masaje, los masajes apoyan esta red sutil a través de las ubicaciones respectivas dc los puntos energéticos.

Dos de los tipos de masaje más populares en

Ayurveda, sobre los que aprenderás más a continuación, son el Abhyanga y el masaje Shirodhara.

Vertido de aceite en la frente: Shirodhara

Probablemente los más conocidos en la terapia de masaje ayurvédico son los llamados derrames de aceite en la frente o derrames en la frente. La palabra "Shirodhara" se compone de "Shiro" (cabeza) y "Dhara" (flujo), describiendo así un flujo sobre la cabeza. Este tipo de aplicación se considera muy beneficiosa y relajante y tiene un efecto muy calmante.

El vaciado de la frente se hace tumbado, utilizando un recipiente especial de vaciado de aceite para la frente desde el que sale aceite caliente sobre una mecha hecha de hilo de algodón que flota unos centímetros por encima de la frente de la persona. El aceite suele estar compuesto por un aceite base y diversas hierbas medicinales. Este preparado se denomina "Thaila" y se rocía estáticamente o con pequeños movimientos circulares sobre la frente de la persona. También en este caso, las distintas esencias de hierbas que se mezclan dependen de los distintos tipos de constitución.

Entre las cejas se encuentra el punto Ajna Karma, en el que también se halla el tercer ojo, también conocido como 6° chakra o chakra del entrecejo. Esta zona se asocia con el centro de la intuición del alma y la consciencia. Mediante el tratamiento con aceite, este centro energético especial se estimula y dinamiza suavemente.

El Shirodhara armoniza principalmente el sistema nervioso autónomo, por lo que contrarresta los estados de tensión y los dolores de cabeza (crónicos). Además, el masaje tiene un efecto equilibrante en ambos hemisferios del cerebro, por lo que el tratamiento es especialmente adecuado si sufres trastornos del sueño o trastornos de estrés postraumático. La depresión o la hipertensión arterial y los síntomas del agotamiento, como el agotamiento, también se pueden tratar y mejorar maravillosamente con un baño de aceite para la frente.

Si quieres disfrutar de un tratamiento de este tipo en la frente, existe la opción de que te trate un terapeuta ayurvédico bien formado. Puedes elegir entre un Shirodhara como tratamiento independiente o como parte de una cura integral.

Un experto trata de forma holística y puede crear un concepto de terapia adaptado a tu estado de salud actual. Sin embargo, si simplemente quieres relajarte, por supuesto también hay muchos centros de bienestar que ofrecen tratamientos de aceite para la frente que se centran menos en la salud y más en la relajación tranquilizadora. No obstante, asegúrate de que te trate personal cualificado.

Masaje corporal completo: Abhyanga

Si mimar y tratar partes individuales del cuerpo no es suficiente para ti, entonces el relajante masaje de cuerpo entero Abhyanga es justo lo que necesitas. Aquí se utilizan aceites de hierbas calientes, a veces también infusiones, que se aplican a todo el cuerpo y se masajean con suaves movimientos de caricia.

Tradicionalmente, el Abhyanga se considera el punto culminante de los masajes ayurvédicos con aceite y sientes su efecto inmediatamente. En primer lugar, el masaje extremadamente relajante sirve para armonizar las energías corporales y hacer algo bueno por la piel. Los movimientos uniformes permiten que los aceites de alta calidad penetren profundamente en la piel, lo que se traduce en una visible vitalidad y rejuvenecimiento de la misma.

También se dice que el masaje con aceite es útil para la purificación, ya que se dice que las técnicas especiales de masaje abren varios canales de purificación para fortalecer el sistema inmunitario eliminando toxinas.

Además, los aceites nutren las células y los órganos. En conjunto, una aplicación satisfactoria da como resultado un brillo saludable gracias a un sistema inmunitario reforzado, una piel sedosa y un sistema nervioso calmado.

Para realizar un masaje corporal completo de este tipo, deben trabajar verdaderos profesionales que conozcan muy bien el Ayurveda. También en este caso se trata de activar los puntos energéticos individuales sobre los que se aplican distintos aceites y se masajea con una suave presión. Tradicionalmente, el masaje se realiza a cuatro manos, pero también son posibles los masajes individuales. Según el tipo de cuerpo y las distintas características, se activan determinados puntos Marma.

Sobre todo, se recomienda utilizar el masaje Abhyanga a los deportistas y a las personas expuestas a un trabajo físico diario o que tienen que soportar un fuerte estrés. También debes recurrir al masaje de cuerpo entero para el trabajo mental que exige mucha energía, pero también hay situaciones en las que debes abstenerte de hacerlo. Entre ellas están los síntomas de enfermedad, como resfriados fuertes y fiebre, e incluso con el estómago lleno, inmediatamente después de comer, no es un momento adecuado para ello.

TERAPIAS DEPURATIVAS Y FITOTERAPIA

Las áreas de terapia de purificación y limpieza ("Panchakarma") y medicina herbal ("Dravyaguna") se utilizan combinadas en el paciente para desintoxicar y curar el organismo.

Primero se realiza la cura de limpieza para liberar intensamente el organismo de productos de desecho y toxinas. Después, las hierbas curativas pueden desarrollar todo su efecto.

Panchakarma

Panchakarma, que significa "cinco acciones" o "cinco actividades", consiste en limpiar tu cuerpo. Como su nombre indica, se utilizan cinco métodos específicos:

- Laxante
- Enemas de hierbas
- Hermético
- Enjuagues nasales
- Sangría.

Una cura de este tipo requiere un diagnóstico inicial, durante el cual se aclaran tus síntomas y tu estado general de salud mediante una entrevista detallada con el paciente.

La mayoría de los terapeutas también utilizan aquí el diagnóstico por impulsos.

Tras dicho diagnóstico, se crea de nuevo un plan de tratamiento individual para el Panchakarma, que tiene en cuenta la constitución y las necesidades del paciente.

Una cura Panchakarma debe durar al menos diez días para dar tiempo a tu cuerpo a liberarse de toxinas y revitalizarlo con especias y hierbas. En la mayoría de los casos, la duración del tratamiento es incluso de 3 semanas o más, aunque varía en función de las dolencias de los respectivos pacientes. En el caso de enfermedades crónicas, una cura Panchakarma también puede prolongarse más de 12 semanas.

El efecto curativo se ve favorecido por tratamientos con aceites, como los masajes, ya que los aceites disuelven las toxinas de los tejidos y los productos de desecho, que luego deben eliminarse en la terapia de limpieza. También pueden añadirse al plan de tratamiento otros elementos, como el yoga o la meditación, para que la terapia sea aún más holística.

La alimentación también desempeña un papel importante durante la cura Panchakarma, ya que los alimentos, las hierbas y sus formas de preparación intervienen significativamente en el proceso de limpieza y, por tanto, también influyen en la curación. Puesto que el organismo no debe volver a absorber nuevas toxinas a través de los alimentos después de la limpieza, la cocina ayurvédica es especialmente ligera y contiene alimentos depurativos.

El vigorizante tratamiento ayurvédico es especialmente adecuado para las personas estresadas que están expuestas al estrés cotidiano y se sienten constantemente cansadas o sufren síntomas de agotamiento. Otras enfermedades crónicas y de la civilización también son un campo de aplicación, ya que la reducción del estrés también alivia las dolencias en la mayoría de los casos. Los pacientes afirman sentirse rejuvenecidos, más en forma y vitalizados, sobre todo con aplicaciones regulares.

Según la sabiduría tradicional, en principio cualquier persona puede someterse a una cura de este tipo tras completar su crecimiento. Sin embargo, no se recomienda una cura Panchakarma si te sientes físicamente débil, pues a pesar de todo se exige mucha energía al organismo. Especialmente después de operaciones e intervenciones importantes, primero hay que dejar que el cuerpo se regenere. También se aconseja precaución en caso de inflamaciones agudas: Aquí, los sistemas de defensa del organismo ya están en pleno funcionamiento y una activación adicional de las fuerzas puede conducir a estados de sobreesfuerzo.

A diferencia de los tratamientos de bienestar, la práctica del Panchakarma en Alemania sólo está permitida a los médicos alternativos y a los médicos que hayan completado una formación ayurvédica adicional. El contacto regular entre el paciente y el médico durante el curso de la terapia también es importante para poder ajustar el estado una y otra vez y lograr así un resultado lo más satisfactorio posible.

Dravyaguna

Dravyaguna, la ciencia de los poderes curativos naturales o farmacología en Ayurveda, se considera la disciplina suprema. Trata de cómo un remedio (té, especia, hierba) influye en el cuerpo. Se describen sus propiedades (guna), su efecto (karma) o su efecto extraordinario (prabhava), su sabor (rasa), su potencia (virya) y su sabor tras la digestión (vipaka).

Las recetas tradicionales, que pueden adaptarse individualmente a los pacientes, se conservaron por escrito y se transmitieron. En la India existen 8000 especies herbáceas conocidas, 1400 de las cuales se definen como plantas herbáceas medicinales y 400 de ellas se utilizan para las mezclas más comunes en Ayurveda.

YOGA

Otro elemento importante del Ayurveda, que incluso ha sido reconocido como patrimonio cultural de la humanidad por la UNESCO, es el yoga. Ayuda a purificar, es bueno para el cuerpo y puede utilizarse de muchas maneras, según el tipo. Ya sea como deporte, meditativo y relajante o simplemente para vivir más en forma y más sano en general: El yoga lo puede todo. Así que no es de extrañar que actualmente sea una tendencia absoluta.

Por supuesto, las raíces del componente ayurvédico también están en la India y proceden de la filosofía hindú y budista. El yoga se considera tradicionalmente allí como un viaje espiritual en busca de la iluminación. En él, el cuerpo representa el medio de transporte de tu alma, que a su vez es guiada por tu espíritu. También son importantes aquí los cinco órganos de los sentidos que te impulsan hacia adelante. La combinación de todos estos elementos es el yoga, que une el cuerpo con la mente y el alma con todas nuestras cualidades en armonía.

La serenidad, la vitalidad y la fuerza son el resultado de los ejercicios.

Una práctica ideal combina asanas (posturas),

pranayamas (ejercicios de respiración) y mantras, o palabras de meditación.

Estos tres aspectos estimulan el metabolismo, desarrollan la fuerza y la estabilidad y calman el sistema nervioso mediante la respiración sincronizada. Ahora existen, a su vez, diferentes estilos que se orientan hacia estos factores y te responden en mayor o menor medida.

1. El hatha yoga es la disciplina clásica que lo empezó todo. Originalmente, el yoga era puramente meditativo y pretendía conducir al autoconocimiento mediante ejercicios mentales. A través del Hatha Yoga, estos ejercicios se complementaron con otros físicos. "Hatha" es la palabra que designa la conexión y la unidad de energías opuestas, como el calor y el frío, lo masculino y lo femenino, etcétera. Estos opuestos deben equilibrarse con la ayuda de la meditación y, en el caso del Hatha Yoga, también con la ayuda de las asanas. A su vez, la filosofía Hatha dio origen a las innumerables escuelas y estilos que conocemos hoy en día.

2. El Kundalini Yoga procede originalmente del Tantra y se dio a conocer en EEUU en los años 60 a través de Yogi Bhajan. La enseñanza se considera muy espiritual

y energética. Incluye una mezcla de respiración consciente, meditación con mantras y ejercicios físicos dinámicos, así como la devoción de los alumnos al gurú. Según esta enseñanza, todo ser humano posee una fuerza etérica, la energía Kundalini, que está en forma de serpiente enroscada en la base de la columna vertebral y duerme. El objetivo es despertar esta energía dirigiendo la respiración de modo que serpentee hacia arriba a lo largo de la columna vertebral. La dicha perfecta la obtiene aquel en quien la serpiente llega hasta arriba.

3. El Ashtanga yoga se caracteriza por la fuerza y los movimientos dinámicos. También conocido como power yoga, el Ashtanga yoga se puede encontrar en los estudios de fitness, porque es una de las formas de yoga más extenuantes y desde hace tiempo es popular para diversos entrenamientos. Muchas de las asanas se caracterizan por estirar las piernas o la parte superior del cuerpo. Para estirar el cuerpo y practicar esta forma de yoga, ya debes tener un cierto nivel de forma física.

4. El yin yoga se practica principalmente sentado o tumbado y es un estilo muy tranquilo que se centra en la respiración adecuada y la relajación. Esta forma más

pasiva de yoga ayuda a reducir el nerviosismo mediante el uso de asanas que son fáciles para las articulaciones y que se mantienen de tres a cinco minutos. El yin yoga es un maravilloso equilibrio con estilos de yoga más dinámicos y activos.

5. Las asanas de las que quizá hayas oído hablar son "el saludo al sol", "el perro mirando hacia abajo" y "el guerrero". Son muy populares también en otros deportes, en ejercicios de estiramiento o, en el caso de la guerrera, sirven para fortalecer la espalda y tonificar los músculos del pecho.

Por cierto, hay algunos ejercicios con los que puedes potenciar la quema de grasa activando determinadas partes musculares, por lo que el yoga también es bueno para deshacerse de los kilos de más y moldear el cuerpo.

El yoga también puede ser útil durante el embarazo para aliviar dolencias clásicas como el dolor de espalda y las náuseas, e incluso para preparar el parto mediante asanas especiales.

Los tres doshas / tipos de Ayurveda

En el Ayurveda es importante la interacción de los cinco elementos: fuego, agua, aire, tierra y espacio (éter), que reflejan el poder de la naturaleza. Las enseñanzas sobre los dosha también representan la filosofía de que todo en este mundo, incluidos nosotros los humanos, lleva estos cinco elementos en su interior. En el cuerpo humano se agrupan en las tres energías vitales Vata, Pitta y Kapha. Traducido del sánscrito, dosha significa "falta (potencial)", lo que deja claro que es importante mantenerlas en armonía, porque un desequilibrio de energías es la causa de las enfermedades físicas y mentales.

Estos patrones energéticos están en cada célula y, por tanto, están presentes en todo el cuerpo, por lo que controlan todos los procesos, no sólo físicos, sino también emocionales y mentales.

En cada persona, estas energías se expresan de nuevo de forma diferente, la energía predominante describe a qué tipo estás asignado. Aunque naces con las tres, cada persona tiene una proporción de mezcla diferente, una combinación individual de dosha. Normalmente predominan uno o dos doshas, que determinan la constitución ayurvédica. A qué tipo pertenece una persona puede determinarse, por ejemplo, por su físico o su temperatura corporal. El aspecto de la piel y el apetito también pueden dar pistas.

Los doshas difieren en su aspecto, temperamento y rasgos de carácter, por lo que el estilo de vida hasta la dieta y, por tanto, también las terapias y tratamientos deben adaptarse según el tipo.

Es precisamente mediante una elección adaptada de los alimentos como pueden aliviarse muchas de las molestias típicas de la constitución y, en algunos casos, incluso pueden eliminarse por completo.

VATA

Los elementos aire y espacio caracterizan al tipo Vata, que representa el movimiento y también se considera energía vital. Todos los procesos dinámicos del cuerpo, es decir, la respiración, los latidos del corazón y el habla, pero también la creatividad, están descritos por este dosha. Por eso, sus cualidades características son el frío, la claridad, la aspereza y la sequedad. La estación a la que se asocia Vata describe el periodo frío que va de octubre a enero. Las personas en las que predomina Vata tienen aversión al frío y a la humedad.

El aspecto de un tipo Vata se caracteriza por estructuras delicadas y finas: su físico, especialmente los rasgos faciales, las manos y los pies parecen ligeros. Son típicos los rostros largos y angulosos, con narices estrechas, ojos pequeños y labios igualmente estrechos. El cuello también es delgado y nervudo.

La piel y el pelo también son finos y más bien secos y fríos.

El apetito y la digestión tienden a ser irregulares en los tipos Vata, por lo que también son propensos al estreñimiento, la flatulencia y el bajo peso.

El tipo Vata también tiene el elemento aire predominante en el estado de ánimo; es vivaz, lleno de ideas, creativo y le encantan las actividades espontáneas. Las personas en las que predomina este dosha anhelan la variedad en la vida, pues se entusiasman rápidamente con las cosas nuevas. Suelen ser artistas y les encanta viajar, pero también pierden rápidamente el entusiasmo debido a su estado de ánimo cambiante. La volatilidad y el nerviosismo también son características que surgen de un estilo de vida volátil. Muchos de los tipos Vata son hiperactivos, pero se cansan muy rápidamente tras los estallidos iniciales de energía, ya que tanto la energía física como la mental llegan a raudales.

Los Vatas se desequilibran fácilmente; además de ser vivaces, también son muy sensibles y melancólicos, lo que a menudo les provoca olvidos y trastornos del sueño porque se relajan mal.

Si hay un desequilibrio de Vata, todo el organismo se confunde, de modo que la ligereza se convierte en inseguridad y miedo, y la sed de conocimiento se vuelve excesiva.

Consejos para los tipos Vata

La dieta del tipo Vata debe ser equilibrada y nutritiva, y es mejor tomarla en pequeñas comidas regulares para las que se tome su tiempo. Los alimentos calientes y cocinados son más adecuados que los crudos. Los sabores salados, ácidos y dulces actúan mejor contra la energía Vata dominante y, por tanto, son recomendables.

De los productos animales, casi todos los lácteos son muy adecuados para el tipo Vata, pues suelen ser líquidos y algo grasos, lo cual es bueno para un Vata. Sin embargo, deben evitarse los helados, ya que son demasiado fríos para el tipo Vata.

Además, la carne ligera, el pescado y los huevos también pueden estar en el menú.

Las especias de apoyo son, por ejemplo, el jengibre, el cardamomo, la canela y la mostaza, así como el hinojo, la nuez moscada, la pimienta de cayena y el comino. Las hierbas frescas y verdes, como la albahaca y el cilantro, también combinan muy bien con el aireado tipo Ayurveda.

La cocina vegetariana también ofrece todo tipo de posibilidades para el tipo Vata. Todos los frutos secos y semillas son maravillosos en pequeñas cantidades, y el arroz y los cereales también son recomendables, junto con las lentejas y los garbanzos. El tipo de constitución aireada tampoco se equivoca con diversos aceites y grasas.

Los edulcorantes naturales, sobre todo las frutas frescas y maduras, como los plátanos, los mangos, las bayas, las uvas y muchas más, también son alimentos excelentes. La dieta del tipo Vata prescribe verduras cocidas o hervidas, como zanahorias, remolacha, aguacate y alcachofas.

En cuanto a la bebida, las bebidas calientes, sobre todo los tés, ocupan el primer lugar para las personas en cuya constitución predomina Vata. Por un lado, los sabores dulces son muy adecuados, por ejemplo el té de regaliz o vainilla, pero también los tés de hierbas y especias con mezclas de canela, pimienta y clavo son maravillosos para reforzar el equilibrio. Por último, el jengibre caliente tampoco está mal, pues refuerza las defensas del organismo y calma desde dentro.

Cuando se trata de yoga, las personas Vata deben centrarse en asanas tranquilas que aporten fuerza y resistencia a su rutina. Mediante tales ejercicios, que pueden encontrarse en el yin yoga, entre otros, la mente descansa. La meditación también puede servir de apoyo. Para equilibrar Vata en general, ayudan las rutinas diarias regulares y la estabilidad, básicamente todo lo que te cimienta.

PITTA

Los elementos Pitta, fuego y agua, representan el principio de transformación o energía de nuestro cuerpo. La digestión y el metabolismo están en primer plano, pero también se atribuyen a este dosha el equilibrio hormonal, los órganos sexuales y el sentido de la vista. Caliente, picante, húmedo y fluido, así como repentino, son las características de Pitta, siendo los meses de verano, de junio a septiembre, sus meses típicos. Las personas en las que predomina este tipo constitucional tienen aversión al calor extremo.

Las características externas del tipo Pitta son una estatura media-alta, a menudo también un físico atlético y deportivo. La cara suele tener forma de corazón con un mentón pronunciado. El cuello, la nariz, los ojos y la boca tienen proporciones medias. A menudo el pelo es fino y suave, la piel clara y brillante, con rasgos llamativos como lunares, pecas y erupciones cutáneas. Los tipos Pitta también son propensos a las quemaduras solares.

La determinación, el espíritu emprendedor y el carisma son típicos de los tipos dosha fogosos, junto con una preferencia por los retos. Son hacedores absolutos y, al mismo tiempo, eficientes, dinámicos y estructurados, lo que también se pone de manifiesto en su agudo intelecto y precisa pronunciación. Como a menudo son capaces de contagiar a los demás su propia motivación, son líderes natos. Un sueño profundo y reparador es también una marca distintiva de los tipos Pitta.

Sin embargo, algunos también sufren por esta ambición, ya que tienen que soportar una presión interior constante para rendir y la insatisfacción. A los tipos de constitución perfeccionista les disgusta la falta de organización y a veces les resulta difícil tratar con personas menos ambiciosas, se comportan de forma intolerante y pierden la paciencia en situaciones estresantes. Los arrebatos de ira, la agresividad y una fuerte irritabilidad se manifiestan rápidamente en tales situaciones o cuando hay un exceso de energía Pitta. El fuego vital Pitta también puede causar problemas de salud, como acidosis estomacal e inflamaciones.

Consejos para los tipos Pitta

La dieta del tipo Pitta debe regular el equilibrio ácido-base, por lo que menos es más cuando se trata de especias, sal y aceite. Puesto que las personas de esta constelación se caracterizan por una digestión muy buena y suelen tener un apetito voraz, según el Ayurveda lo más adecuado son tres comidas al día, que no deben ser en raciones demasiado grandes. En general, son adecuados tanto los alimentos fríos como los calientes, pero deben evitarse los fritos y los muy picantes. Los sabores recomendados son amargo, dulce y ácido.

El consumo de carne de un tipo Pitta debe orientarse principalmente hacia tipos de carne ligeros, por lo que la ternera o el cerdo apenas deben figurar en el menú. Los productos lácteos, sobre todo el ghee, la leche y el requesón, se toleran bien; el pescado también es adecuado para las personas del dosha fuego, pero el marisco puede provocar problemas.

Aunque las especias deben utilizarse con precaución, como ya se ha dicho, las hierbas frescas, como el perejil y el cilantro, y las especias refrescantes, como la canela, el hinojo y la melisa, son buenas para sazonar la comida. En cambio, el ajo y la pimienta de cayena deben utilizarse con moderación, si es que se utilizan. Las grasas también deben utilizarse con moderación en la cocina; el aceite de oliva y de coco, el de girasol y el de soja son los más adecuados.

En comparación con el tipo Vata, el tipo Pitta no tiene que preocuparse por los alimentos crudos: las frutas y verduras pueden comerse sin cocinar. Especialmente con las frutas, todo lo que sea dulce se tolera bien, pero deben evitarse las frutas ácidas, como los limones. También son adecuados otros edulcorantes, excepto la miel y la melaza. El tipo Pitta también puede elegir verduras según sus preferencias, pero es mejor evitar los chiles y las cebollas rojas y optar más bien por variedades con sustancias amargas equilibrantes. Los individuos de la constelación Pitta toleran muy bien los cocos, las pipas de girasol y las semillas de calabaza, así como las legumbres en general. Sólo las lentejas deben tratarse con precaución. Los cereales y el arroz también se toleran bien.

Beber mucho es muy importante para las personas en las que predomina Pitta dosha. Pitta es el único tipo ayurvédico para el que se recomiendan las bebidas frías, incluso el té frío. Lo más adecuado para ello son todas las variantes de té verde y de hierbas. La menta, las hojas de frambuesa o la hierba limón son adecuadas, al igual que el cardamomo. Los zumos de verduras o de arándanos también son refrescantes y te refrescan. Sin embargo, hay que evitar el alcohol y el café.

Para crear un equilibrio entre fuerza, dinamismo y regeneración, el pitta yogui debe basarse en una mezcla de diferentes asanas. Tanto la meditación como los ejercicios de yoga físicamente exigentes son importantes para el equilibrio.

KAPHA

El tercero y último de los tipos del Ayurveda es Kapha, el principio de la estructura, la estabilidad, la sustancia, cuyos elementos son el agua y la tierra. En el cuerpo, esta energía es responsable del crecimiento, el desarrollo de los tejidos y la flexibilidad; la tolerancia y la paciencia son tareas mentales. El periodo Kapha empieza en febrero y dura hasta mayo, los meses de primavera. Dulce, pesado, blando, constante, grasiento y perezoso son las características del dosha.

Las características visuales de un tipo Kapha son un físico estable y fuerte. Las personas son bajas y fornidas o altas y fuertes, con movimientos lentos y gráciles. A menudo, los tipos Kapha suelen tener sobrepeso y ser obesos, y la piel también tiende a ser gruesa, suave y grasa. Los rasgos faciales también son excesivamente redondos, llenos, grandes y voluptuosos, desde el cuello hasta los labios y la nariz, pasando por los ojos. El pelo también suele ser grueso y sano.

La personalidad de los tipos Kapha se caracteriza por la calma, el enraizamiento y el equilibrio, en consonancia con su aspecto. Las disposiciones relajadas y firmes complementan la acción reflexiva, la tolerancia y el comportamiento cariñoso. El tipo Ayurveda tranquilo es indulgente y raramente agitado, y prefiere un estilo de vida estable. Aunque las cosas nuevas se asimilan lentamente, una buena memoria a largo plazo, así como la perseverancia, son algunos de los puntos fuertes del tipo Kapha. Su sueño es profundo y largo, el hambre moderada y la digestión lenta, lo que puede provocar estreñimiento.

Como la espontaneidad precipitada, el ajetreo y el cambio provocan desconfianza en las personas con constitución Kapha, a menudo se las considera inflexibles y perezosas. La autocomplacencia y la acumulación de posesiones también son vicios comunes. Las decisiones demasiado precipitadas también les sobrecargan y les llevan a sus límites mentales.

Cuando kapha dosha es demasiado dominante, la persona suele retraerse, evita por completo los conflictos y se acostumbra a pautas insanas de las que no puede salir, lo que en el peor de los casos puede desembocar en una depresión. Las personas también carecen de movimiento y tienden a volverse muy obesas cuando la energía se les va de las manos.

Consejos para los tipos Kapha
Según las enseñanzas ayurvédicas, la alimentación Kapha debe orientarse hacia los sabores amargo y picante.

En realidad, de todos los tipos ayurvédicos, Kapha es el que menos alimentos necesita, pero debido a su digestión lenta y a su metabolismo lento, es el que debe prestar más atención a los alimentos adecuados.

No sólo la tendencia al sobrepeso, sino también la apatía se derivan, por tanto, de una alimentación incorrecta. Por ello, la dieta ayurvédica se basa en tres comidas que deben ser ligeras, frescas y calientes. La regla general es: pocos alimentos grasos, pocos alimentos pesados y no demasiadas verduras crudas.

La carne y el pescado deben comerse poco, pero las aves magras y el pescado bajo en grasa son adecuados para una dieta Kapha. También deben evitarse en lo posible los huevos y demasiados productos lácteos de vaca; los productos lácteos de cabra u oveja son mejores para el tipo Kapha. La soja u otros productos lácteos vegetales también se toleran bien. Se recomienda el ghee, pero no mucha nata, leche ni mantequilla pura.

El tipo Kapha puede darse un festín de fruta y verdura a voluntad. Las frutas no deben ser demasiado dulces ni demasiado ácidas, por lo que los plátanos, las piñas y los dátiles, por ejemplo, son menos adecuados; la miel ofrece un sustituto más dulce y adecuado. Sin embargo, todo tipo de fruta de hueso, como melocotones, cerezas y albaricoques, así como todo tipo de bayas, son maravillosamente adecuadas y también pueden disfrutarse en forma deshidratada. Las verduras al vapor son excelentes para la persona Kapha, estando representadas las hortalizas de raíz, las coles y el brécol, así como las espinacas. Las verduras ácidas y picantes, como los rábanos y las cebollas, así como todas las verduras de hoja, también pueden integrarse maravillosamente.

Los cereales que se toleran especialmente bien son la cebada, el centeno, la espelta y el maíz. Deben evitarse el arroz y los productos de soja, así como las judías blancas y negras. También son adecuadas otras legumbres, así como pequeñas cantidades de semillas y aceites vegetales.

Las especias picantes que facilitan la digestión son óptimas para el tipo Kapha e incluyen el jengibre, la guindilla y la pimienta negra, entre otras. También son adecuadas la canela, la cúrcuma y un poco de sal, así como el cilantro, el clavo y el cardamomo.

Al beber, el tipo Kapha también se beneficia de las mezclas de especias estimulantes del metabolismo en el té. La menta, el jengibre y el chile son algunas de las pioneras en este sentido. Las bebidas deben consumirse definitivamente calientes en el dosha de reposo, y a quienes les gusten más dulces pueden ayudarlas con miel.

Con asanas activas y dinámicas, el tipo Kapha tiene los mejores prerrequisitos para utilizar el yoga en beneficio propio y de su salud. Un desequilibrio Kapha se equilibra mejor mediante el movimiento y la actividad regulares.

Ayurveda para ti

Ahora ya has leído mucho sobre el Ayurveda, las energías individuales, las aplicaciones y las terapias individuales. Puede que incluso ya tengas una idea de cuál de los tipos constitucionales es dominante en ti y ya estés lleno de energía para integrar las prácticas individuales de yoga, las mezclas de especias y los planes alimentarios en tu vida cotidiana.

Pero, ¿cuál es la mejor manera de empezar? Hay mucho más que descubrir y aprender, y especialmente como principiante, necesitas tener cuidado más a menudo.

CONSEJOS PARA LOS RECIÉN LLEGADOS AL AYURVEDA

En primer lugar, debes estar encantado de que ya haya tantas ofertas de bienestar y terapias ayurvédicas aquí en Occidente, que casi no puedes equivocarte, ¿verdad?

¡Error! Por desgracia, la otra cara de la moneda es que una tendencia siempre es explotada por personas que no tienen conocimientos suficientes en la materia. Así que puede ocurrir que acabes con aficionados que elaboran planes de tratamiento completamente erróneos para ti, que a su vez no te dan al final el efecto que esperabas. Esto puede parecer menos dramático en el caso de las curas de bienestar que prometen principalmente relajación, pero siempre debes ponerte en manos de médicos, terapeutas y expertos formados para lograr el mayor éxito posible. Cualquier otra cosa sería una lástima no sólo para tu dinero, sino también para tu tiempo y tu salud.

De hecho, se vuelve peligroso con los remedios importados. Algunas tinturas ayurvédicas, aceites y demás producidos en la India para su importación y uso en países occidentales no están suficientemente controlados y, por tanto, suelen contener residuos de metales pesados. Como resultado, ocurre una y otra vez que una cura ayurvédica aparentemente inofensiva conduce a la intoxicación de los pacientes por mercurio o plomo. En el peor de los casos, estas intoxicaciones pueden causar graves daños neurológicos en algunas personas, así que ten cuidado no sólo con los terapeutas, sino también con los remedios importados.

Incluso si te has encontrado en uno de los doshas y has descubierto posibles alteraciones por tu cuenta, para estar seguro debes consultar a un médico ayurvédico formado que te permita hacer una anamnesis detallada y profesional. Así podrás estar seguro de qué energías dominan realmente y actuar en consecuencia. Una vez que hayas encontrado al terapeuta, médico o experto en el que confíes, tómate las cosas con calma, no es necesario que cambies todo tu estilo de vida al Ayurveda de inmediato. En primer lugar, elige las enseñanzas ayurvédicas que mejor se adapten a tu vida antes de hacer un cambio al cien por cien. Como sabes, Roma no se construyó en un día y éste es también el lema para tu salud; todo a su tiempo: Lo bueno se hace esperar.

Cuando se trata de nutrición, por ejemplo, puedes introducir gradualmente las reglas generales en tu cocina antes de elaborar un plan de menú individual, esto hace que sea más claro y fácil empezar. Si es compatible con tu rutina diaria, puedes empezar, por ejemplo, disfrutando de la comida principal a la hora del almuerzo, prestando más atención a tu sensación de hambre y centrándote en los ingredientes frescos.

Iniciarse en el arte del yoga es más fácil si te tomas tiempo para probar distintos lugares, estilos y también profesores. Lo importante aquí es que te lleves bien con tu profesor de yoga y te sientas cómodo en el estudio que elijas. Si no eres un superatleta o simplemente no tienes ninguna experiencia en yoga, lo mejor es empezar con el hatha yoga clásico, que es ideal para adquirir unos conocimientos básicos iniciales. Puedes probar gradualmente estilos más especializados en cuanto tengas un poco de práctica y ya te sientas más seguro. No dudes en intercambiar ideas con otros yoguis y personas experimentadas: Normalmente, todo el mundo está encantado de ayudar y el Ayurveda también consiste en cooperar.

Puedes simplemente probar masajes, baños de aceite y otras ofertas de bienestar que son independientes del tipo e inocuas. Probablemente no te costará mucho esfuerzo, porque mimar tu cuerpo es una de las formas más agradables de hacer algo por tu salud. Tras un poco de investigación, encontrarás ciertos proveedores y opciones de buena reputación para curas de bienestar.

EN CASA Y EN LA VIDA COTIDI-ANA

Por supuesto, también puedes empezar tu nueva vida ayurvédica sin consultar previamente a un profesional si no puedes esperar más.

El arte de la curación está estructurado de tal forma que puedes y debes actuar de forma autoeficaz. Muchos rituales que puedes incorporar fácilmente a tu vida cotidiana no requieren ninguna clasificación en constelaciones ni diagnósticos médicos. Son aplicaciones sencillas que, con un poco de práctica, puedes realizar en casa o de viaje sin dudarlo y hacer así algo por tu salud cada día.

La rutina matutina (Dinacharya), por ejemplo, es muy popular entre las personas que viven total o parcialmente según las normas ayurvédicas. Puedes diseñar estas aplicaciones matutinas según tus necesidades personales y adaptarlas también a tu dosha más adelante. Esta rutina incluye el raspado de la lengua, la toma de agua caliente, el tirón de aceite, los enjuagues nasales y el automasaje.

Cuando te rascas la lengua por la mañana, nada más levantarte, la liberas de depósitos y toxinas. Todo lo que necesitas es un raspador lingual especialmente fabricado, que puedes comprar en tu farmacia, droguería u online. Debe ser de acero inoxidable o plata, la forma es menos importante, lo principal es que puedas manejarlo bien.

El agua tibia, que también puede diluirse con un chorrito de limón o jengibre, no sólo tiene un efecto depurativo, sino que también estimula tu digestión. Bébela a diario antes del desayuno.

El oil pulling fija sustancias liposolubles en la mucosa, lo que tiene el efecto de reducir las bacterias. Como la mayoría de estas bacterias se acumulan en la boca durante la noche, este método también es más útil por la mañana. En general, el oil pulling contribuye a mejorar la higiene bucal, evita el mal aliento e incluso puede mejorar tu sentido del gusto.

Ponte una o dos cucharadas de aceite de coco o de sésamo en la boca y muévelo por ella durante unos diez o veinte minutos. El aceite de girasol también es adecuado para este fin, incluso hay aceites ayurvédicos que se han desarrollado específicamente para su uso en la boca, pero el aceite de sésamo y girasol en particular son suficientes por su efecto antibacteriano, sobre todo al principio. Enjuaga bien los espacios interdentales con movimientos regulares de la lengua y la boca, y extiende el aceite por toda la garganta si es posible. Es importante que no tragues accidentalmente la mezcla de tu saliva y el aceite, sino que la escupas después del tiempo especificado, preferiblemente en papel higiénico o de cocina. Por favor, no lo tires en el fregadero ni en el váter, ya que esto puede provocar obstrucciones en las tuberías. Después de usarlo, es mejor que te enjuagues la boca con agua templada y esperes unos 15 minutos más antes de cepillarte los dientes.

El enjuague nasal tiene el efecto saludable de aflojar la mucosidad y así protegerte mejor de los resfriados. Es una de las medidas preventivas populares que no sólo se encuentran en el Ayurveda. Precaución: si sufres una inflamación o una infección aguda, espera a que haya remitido por completo, ya que se utiliza solución salina y, de lo contrario, puede causar irritación. Además de esta solución salina, se necesita un bote de enjuague nasal, que suele ser de porcelana y se ofrece en sitios específicos de Ayurveda o de salud.

Ahora coloca la cabeza de lado y llena la solución en el orificio nasal que mira hacia arriba con ayuda de la jarra. Luego vuelve a salir por el otro orificio. A continuación, repite el proceso en el otro lado.

Tampoco puedes equivocarte con un automasaje diario. Tradicionalmente se realiza en la región abdominal y tiene un efecto estimulante sobre la digestión, refuerza la resistencia y también se dice que ayuda a combatir la fatiga. También en este caso se utiliza aceite. Basta con masajearlo lentamente y distribuirlo suavemente en todas direcciones. Antes de ducharte, deja que el aceite se absorba durante un rato, ya que es relajante y también tiene un efecto secundario beneficioso para la piel.

Otros masajes, también con aceite, pero también en seco, pueden aplicarse igual de bien en casa, para que no tengas que visitar un oasis de bienestar en cada pausa de relajación. Incluso el popular baño de aceite en la frente puede realizarse ahora solo en tus propias cuatro paredes, ya que se ha desarrollado un dispositivo especial que puedes utilizar para ayudarte a ti mismo a la felicidad mientras estás tumbado sin la ayuda de una segunda persona. Sin embargo, dado que este aparato no es precisamente barato y, según algunos expertos, el concepto global se pierde por ello, como alternativa puedes calentar un poco de aceite por la noche -porque no todos los rituales tienen lugar por la mañana- y masajearlo suavemente en la zona de la frente. Especialmente después de un duro día de trabajo, esta sencilla aplicación tiene un efecto maravillosamente relajante.

Una recomendación para ti como iniciada en el Ayurveda, que sin duda mantendrás, es también el consumo regular de agua de jengibre. Este tubérculo es un todoterreno absoluto y no sólo alivia las flatulencias y las náuseas, sino que también tiene un efecto antiinflamatorio y estimula la digestión.

Si después de leer esto ya te sientes abrumado por la variedad de rituales matutinos, no eres el único: pocos consiguen incorporar todos estos métodos a su rutina diaria, por falta de tiempo y, para ser sinceros, también porque no todo el mundo es una persona mañanera. Pero puedes estar tranquilo, porque aquí es donde vuelven a entrar en juego los doshas, que puedes utilizar como guía. Algunos rituales son especialmente adecuados para tu tipo, mientras que otros son menos importantes.

Como persona Vata, los automasajes son perfectos para ti, sobre todo en los meses más fríos de otoño e invierno. El agua caliente por la mañana también es muy recomendable para ti si perteneces al dosha aireado.

Los tipos Pitta, por otra parte, se benefician más del raspado lingual y del oil pulling, mientras que los enjuagues nasales y levantarse temprano suelen ser buenos para los tipos Kapha.

RECETAS

Como es bien sabido que lo mejor viene al final, ahora encontrarás una selección de deliciosas recetas ayurvédicas clásicas para disfrutar y sentirte bien. Para ello no hace falta que seas un chef, porque los platos realmente saludables son relativamente sencillos y, por tanto, están hechos sólo para ti.

Ghee

La mantequilla clarificada ya no es una palabra extraña para ti después de leer los primeros capítulos y seguro que ya te has preguntado qué hay exactamente detrás de este clásico de la nutrición ayurvédica.

El ghee es celebrado en las antiguas artes curativas como una panacea y se disfruta no sólo como delicia culinaria, sino también en aplicaciones externas. La lista de ingredientes es breve y sencilla: sólo necesitas 500 gramos de mantequilla dulce de origen ecológico.

Simplemente hierve la mantequilla en un cazo y luego sigue cociendo a fuego lento durante unos 45 minutos. La clara de huevo se va levantando poco a poco de la mantequilla, que desespumas una y otra vez hasta que la mantequilla tenga una consistencia dorada y clara. Por último, vierte la mantequilla clara a través de un colador, que habrás cubierto con un paño, y luego viértela en tarros.

¡Pruébalo y disfruta!

Paneer

Siguiendo con los productos lácteos, que ocupan un lugar destacado en la dieta ayurvédica, ahora te presentamos el queso crema indio, que es una absoluta delicia comido solo y como ingrediente de otras recetas. El paneer tiene una sustancia ligeramente más firme que el queso cremoso común que conoces de las estanterías de nuestros supermercados, así que si al prepararlo te parece poco familiar, probablemente lo estés haciendo todo bien.

Para hacerla, necesitas un litro de leche, un poco de sal y dos cucharadas soperas de vinagre de sidra de manzana, u opcionalmente zumo de limón, lo que más te guste.

El primer paso es llevar la leche a ebullición en la olla y añadir inmediatamente el vinagre de sidra de manzana o el zumo de limón junto con la sal. A continuación, retira la olla del fuego.

Aquí también debes tener a mano un colador metálico, cubierto con un paño de cocina. Colócalo sobre un cuenco y vierte el contenido de la olla. Este proceso hace que el suero escurra hacia abajo. Para ayudarlo, presiona las masas con una cuchara hasta que ya no quede suero en el paño. Lo que queda es tu propio paneer creado: ¡cuanto menos líquido, mejor!

La delicia de queso crema debe conservarse en el frigorífico un máximo de cinco días.

Curry indio de lentejas

Si te gusta lo contundente y picante, sin duda debes probar el delicioso curry al estilo indio. Aquí, muchas de las saludables especias del Ayurveda se combinan con cilantro fresco y deliciosas lentejas.

Además de 250 gramos de lentejas, tu lista de la compra debe incluir tres cebollas medianas, dos dientes de ajo y cilantro fresco. También debes comprar un bulbo de jengibre y tener preparado un trozo del tamaño de una nuez. De tu especiero, coge más curry, sal y pimienta y utiliza una cucharadita de comino y otra de cúrcuma. Por último, añade tres cucharadas de aceite, preferiblemente de coco, que combina de maravilla con el sabor del curry.

Primero, corta la cebolla y el ajo en dados pequeños y ralla el jengibre finamente para que su aroma se extienda bien. A continuación, calienta el aceite en la olla y sofríe los ingredientes picados hasta que estén calientes. Añade entonces las especias. Ya sólo te faltan las lentejas y medio litro de agua. A continuación, cuece todo durante unos 30 minutos.

Dispón el curry terminado en los platos, adorna con cilantro y, como seguro que recuerdas: siéntate y disfruta.

Khichdi

¿El arroz con leche es un postre para ti? Entonces ya es hora de que conozcas la versión india, porque tiene mucho a su favor y casi nada en común con el postre de chocolate o canela.

Para la última de las recetas, necesitas 100 gramos de arroz, judías mungo peladas y judías verdes. Además, aquí entran en juego tres cucharadas soperas de ghee, que probablemente ya sepas preparar mientras duermes. Tampoco pueden faltar dos tomates, un trocito de jengibre y una guindilla verde, así como seis tallos de cilantro. Condimenta con una pizca de cúrcuma en polvo, un poco de sal y media cucharadita de semillas de mostaza y otra de semillas de comino.

Cuando todos los ingredientes estén listos, ocúpate primero del arroz y las judías mungo, tienes que ponerlos en remojo en agua fría, preferiblemente durante media hora. Mientras tanto, corta las judías verdes en trozos pequeños y calienta ghee con comino y semillas de mostaza en una olla aparte hasta que revienten por el calor.

Una vez transcurrido el tiempo de remojo correcto, añade el arroz y los dos tipos de alubias a la olla y sazona la mezcla con sal y cúrcuma. A continuación, vierte agua caliente para que todos los ingredientes queden cubiertos.

Cuando rompa a hervir, sigue cociendo a fuego lento durante 20 minutos más para que el arroz se ablande.

Durante este tiempo, ya puedes picar finamente la guindilla y el jengibre y cortar los tomates en dados. Luego mézclalos con el cilantro en la olla. Tu delicia culinaria está lista.

Epílogo

Con la esperanza y la confianza de que esta pequeña guía te haya proporcionado una visión general inicial, ha llegado el momento de que empieces. Interioriza los consejos y trucos iniciales e incorpóralos a tu vida cotidiana.

Pero como varias cabezas son siempre más listas que una, no dudes en buscar otras fuentes y pedir consejo a gente que sepa del tema. Siempre puedes aprender más. Y ya que estamos, seguro que conoces el dicho "aprender haciendo".

Esto también se aplica a tu salud y a la iniciativa de tomarla en tus propias manos. Es natural que no puedas ponerlo todo en práctica directamente como te gustaría. Al fin y al cabo, ningún maestro (ayurvédico) ha caído del cielo. Tómate tu tiempo y sé paciente, también con respecto a los éxitos visibles y perceptibles.

No te desanimes por las incertidumbres, fallos o errores iniciales -también por parte de tus personas de contacto- y recuerda siempre: los médicos y los profesionales de la medicina son sólo humanos y no omniscientes. Por tanto, aunque confíes en los expertos, confía siempre también en tu instinto y no hagas nada que te parezca totalmente inapropiado.

Tu viaje hacia la salud puede empezar aquí y ahora en un nuevo camino, que puedes emprender de la mano del medio ambiente y de tus semejantes. ¡Te deseo todo lo mejor!